BLAZERS™
Bilingüe/Bilingual

CABALLOS DE FUERZA/
HORSEPOWER

AUTOS FÓRMULA UNO/
FORMULA ONE CARS

por/by Sarah L. Schuette

Consultora de Lectura/Reading Consultant:
Barbara J. Fox
Especialista en Lectura/Reading Specialist
Universidad del Estado de Carolina del Norte/
North Carolina State University

Capstone press®

Mankato, Minnesota

Blazers is published by Capstone Press,
151 Good Counsel Drive, P.O. Box 669, Mankato, Minnesota 56002.
www.capstonepress.com

Library of Congress Cataloging-in-Publication Data
Schuette, Sarah L., 1976–
    [Formula One cars. Spanish & English]
    Autos Fórmula Uno/por Sarah L. Schuette = Formula One Cars/
by Sarah L. Schuette.
    p. cm. —(Blazers—caballos de fuerza = Blazers—horsepower)
    Includes index.
    Summary: "Brief text describes Formula One cars, including their
main features, races, and drivers—in both English and Spanish"—
Provided by publisher.
    ISBN-13: 978-0-7368-7729-9 (hardcover)
    ISBN-10: 0-7368-7729-0 (hardcover)
    1. Formula One automobiles—Juvenile literature. 2. Grand Prix
racing—Juvenile literature. I. Title. II. Title: Formula One cars.
TL236.S3618 2007
629.228—dc22   2006026110

Editorial Credits
Carrie A. Braulick, editor; Jason Knudson, set designer; Thomas
    Emery and Patrick D. Dentinger, book designers; Jo Miller,
    photo researcher; Scott Thoms, photo editor; Strictly Spanish,
    translation services; Saferock, USA, LLC, production services

Photo Credits
Artemis Images, 27
Corbis/Marcelo del Pozo, 23; NewSport/SI/Simon Bruty, 28–29;
    Reuters/Carlos Barria, cover; Reuters/China Photos, 25; Reuters/
    Paulo Whitaker, 20–21; Schlegelmilch, 11, 12, 13, 14, 16–17
Getty Images Inc./Clive Rose, 8; Mark Thompson, 22
SportsChrome Inc./Bongarts, 5, 6, 7, 26
Zuma Press/Icon SMI/Jeff Lewis, 19

The publisher does not endorse products whose logos may appear on objects
in images in this book.

**Capstone Press thanks Betty Carlan, Research Librarian, International
Motorsports Hall of Fame, Talladega, Alabama, for her assistance in
preparing this book.**

1 2 3 4 5 6 12 11 10 09 08 07

TABLE OF CONTENTS

TABLA DE CONTENIDOS

BATTLING FOR THE LEAD

Formula One (F1) cars roll toward the starting line. When the red lights go out, the cars fly like rockets down the track.

SE DISPUTAN LA DELANTERA

Los autos Fórmula Uno (F1) se dirigen lentamente hacia la línea de salida. Al apagarse las luces rojas, los autos salen disparados como cohetes por la pista.

UNITED STATES GRAND PRIX
INDIANAPOLIS

5

Lap after lap, drivers swerve and pass. They speed around corners and blast down the straightaways. Michael Schumacher takes the lead in his red Ferrari.

Vuelta tras vuelta, los pilotos esquivan y rebasan a los demás autos. Toman a gran velocidad las curvas y aceleran aún más en las rectas. Michael Schumacher toma la delantera en su Ferrari rojo.

The other cars can't catch up.
The checkered flag waves. We have
a winner!

Los otros autos no logran alcanzarlo.
La bandera de cuadros negros y blancos
ondea en el aire. ¡Tenemos un ganador!

BLAZER FACT

Michael Schumacher is
one of the top F1 drivers.
He has won seven world
championship titles.

DATO BLAZER

Michael Schumacher es uno
de los mejores pilotos de
F1. Ha ganado siete títulos
de campeonato mundial.

DESIGN

F1 cars are lightweight and small. The driver squeezes into a cockpit, or tub. The cockpit is made of strong material that protects the driver in a crash.

DISEÑO

Los autos F1 son ligeros y pequeños. El piloto tiene sólo el espacio justo para sentarse en la cabina, o tina. La cabina está hecha de material resistente que protege al piloto si hay un choque.

F1 cars have wings on the front and back. The wings push the cars down on the track. They help the cars speed around corners.

Los autos F1 tienen alas adelante y atrás. Las alas impulsan a los autos por la pista y los ayudan a tomar velocidad en las curvas.

Wing/Ala

Wing/Ala

BLAZER FACT

An F1 racetrack is called a circuit. Each race is called a grand prix.

DATO BLAZER

A una pista de carreras F1 se le llama circuito. A cada carrera se le llama *grand prix*.

Although F1 cars are small, their engines are large. The engines power the cars to top speeds of about 200 miles (300 kilometers) per hour.

Aunque los autos F1 son pequeños, sus motores son grandes. Los motores impulsan a los autos a velocidades máximas de aproximadamente 200 millas (300 kilómetros) por hora.

BLAZER FACT

Because F1 engines work so hard, they wear out quickly. They are replaced often.

DATO BLAZER

Debido a que los motores F1 trabajan tan arduamente, se desgastan con rapidez y se reemplazan con frecuencia.

F1 Car Parts/Partes de un Auto F1

Wing/Ala

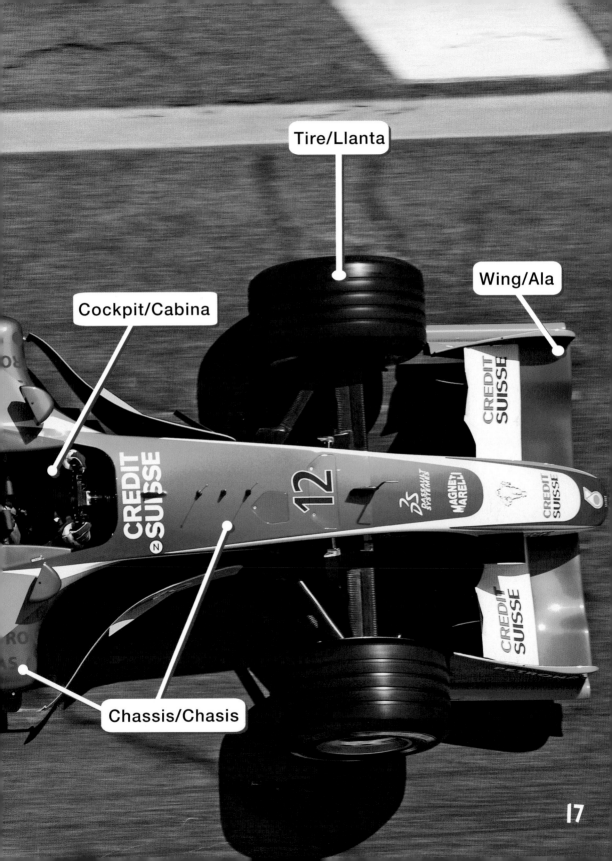

Tire/Llanta

Wing/Ala

Cockpit/Cabina

Chassis/Chasis

17

IMPROVING F1 CARS

Race teams never stop making their cars better and faster. They make quick tune-ups during pit stops.

MEJORAMIENTO DE LOS AUTOS F1

Los equipos de carreras nunca dejan de hacer que sus autos sean mejores y más rápidos. Hacen afinaciones rápidas durante las paradas en los pits.

When a race season is over, race teams rebuild their cars. They replace old parts with new ones. They may change the car chassis, or frame.

Cuando se termina una temporada de carreras, los equipos reconstruyen sus autos. Reemplazan partes viejas con nuevas. Pueden cambiar el chasis, o la estructura, del auto.

BLAZER FACT

The high cost of parts makes F1 racing one of the most expensive motorsports in the world.

DATO BLAZER

El alto costo de las partes hace que las carreras de F1 sean uno de los deportes motorizados más costosos del mundo.

A small design mistake can make a big difference on race day. Teams test their cars before races. Driving on road courses tests a car's speed and handling.

Un pequeño error de diseño puede significar una gran diferencia el día de la carrera. Los equipos prueban sus autos antes de las carreras. Conducir el auto en pistas de pruebas pone a prueba su velocidad y manejo.

F1 FUTURE

Most F1 races are held in Europe. But new racetracks continue to be built in other parts of the world. China has one of the newest tracks.

FUTURO DE LA F1

La mayoría de las carreras F1 se llevan a cabo en Europa. Pero se siguen construyendo nuevas pistas de carreras en otras partes del mundo. China tiene una de las pistas de carreras más nuevas.

F1 racing rules change often. Race organizers want to keep the sport both safe and exciting to watch. Get ready for more fast-paced F1 action!

Las reglas de las carreras F1 cambian con frecuencia. Los organizadores de las carreras quieren que el deporte sea a la vez seguro y emocionante para los espectadores. ¡Prepárense para más acción F1 a toda velocidad!

SPEEDING DOWN THE TRACK! /
¡A TODA VELOCIDAD!

Glossary

chassis—the frame on which the body of a vehicle is built

circuit—a Formula One racetrack

cockpit—the area where the driver sits in a Formula One car; the cockpit is also called a tub.

lap—one time around a racetrack

pit stop—when a driver stops during a race so the pit crew can make adjustments, change the tires, and add fuel

road course—a racetrack that has an irregular shape and includes left and right turns

straightaway—the straight section of a racetrack

tune-up—a small change to increase the performance of a Formula One car

wing—a long, flat panel on the front or back of a Formula One car

Internet Sites

FactHound offers a safe, fun way to find Internet sites related to this book. All of the sites on FactHound have been researched by our staff.

Here's how:

1. Visit *www.facthound.com*
2. Choose your grade level.
3. Type in this book ID **0736877290** for age-appropriate sites. You may also browse subjects by clicking on letters, or by clicking on pictures and words.
4. Click on the **Fetch It** button.

FactHound will fetch the best sites for you!

Glosario

la afinación—un pequeño cambio para mejorar el rendimiento de un auto Fórmula Uno

el ala—un panel largo y plano colocado al frente y atrás de un auto Fórmula Uno

la cabina—el área donde se sienta el piloto de un auto Fórmula Uno; a la cabina también se le llama tina.

el chasis—la estructura sobre la cual se construye el cuerpo de un vehículo

el circuito—una pista de carreras Fórmula Uno

la parada en los pits—cuando un piloto se detiene durante una carrera para que los mecánicos hagan ajustes, cambien las llantas y carguen combustible

la pista de pruebas—una pista de forma irregular y que incluye curvas a la izquierda y a la derecha

la recta—la sección recta de la pista de carreras

la vuelta—un recorrido alrededor de la pista de carreras

Sitios de Internet

FactHound proporciona una manera divertida y segura de encontrar sitios de Internet relacionados con este libro. Nuestro personal ha investigado todos los sitios de FactHound. Es posible que los sitios no estén en español.

Se hace así:

1. Visita *www.facthound.com*
2. Elige tu grado escolar.
3. Introduce este código especial **0736877290** para ver sitios apropiados según tu edad, o usa una palabra relacionada con este libro para hacer una búsqueda general.
4. Haz clic en el botón **Fetch It.**

¡FactHound buscará los mejores sitios para ti!

Index

Índice